DE

LA MER TERRITORIALE

ET DE LA SOUMISSION

DES NAVIRES ÉTRANGERS

A LA JURIDICTION LOCALE

ÉTUDE

DU

Dr VLADIMIR PAPPAFAVA

Avocat à Zara

MEMBRE DE LA SOCIÉTÉ DE LÉGISLATION COMPARÉE DE FRANCE

Traduction de **M. CHARLES ANTOINE**

PRÉSIDENT DU TRIBUNAL CIVIL DE DOULLENS

PARIS

V. LECOFFRE

Libraire-Editeur

1902

.DE

LA MER TERRITORIALE

ET DE LA SOUMISSION

DES NAVIRES ÉTRANGERS

A LA JURIDICTION LOCALE

ÉTUDE

DU

Dr VLADIMIR PAPPAFAVA

Avocat à Zara

MEMBRE DE LA SOCIÉTÉ DE LÉGISLATION COMPARÉE DE FRANCE

Traduction de M. CHARLES ANTOINE

PRÉSIDENT DU TRIBUNAL CIVIL DE DOULLENS

PARIS

V. LECOFFRE

Libraire-Editeur

1902

(Extrait du *Journal du Droit International privé*)

Aucun Etat ne peut avoir ni propriété, ni domination sur la haute mer, sur le vaste océan qui sépare les continents. En effet, il est impossible de tenir réellement la haute mer sous sa puissance et par conséquent d'empêcher les autres Etats d'y exercer des actes de possession. « *Quis dixerit*, écrit Cocceius, *gentem mare naturaliter tenere? Qua ratione asserere· populus poterit se oceano, quem immensum, infinitum ac cœlo conterminum antiquitas vocat, insistere?* « Décuplez, centuplez, dit Ortolan *(Règles internationales de la mer*, liv. II, chap. VII), toutes les flottes du monde réunies, mettront-elles la mer à la discrétion d'un peuple? Les sophistes feront-ils par leurs raisonnements que Xerxès devienne maître de la mer en la chargeant de chaînes, ou en la faisant battre de verges sur un petit coin de l'Hellespont? » « Une autre raison qui exclut la domination exclusive sur la haute mer, c'est l'immensité de celle-ci, et dès lors le caractère inépuisable des usages auxquels elle ne peut se prêter. » *Eodem labore*, dit Puffendorf, *venti quidquid est ubique navium propellunt, quam unicam. Nec quo naves ducunt sulcos, secuturis asperius reddunt iter. Non deterius patet tibi in continentem, alterum iter, licet caeteri eandem viam usurpent. Ante cœteros per locum aliquem iter fecisse; haud quidquam in eundem dominium dat, aut reliquis idem iter intercludit. — Imprudens autem est jactare: interdicta cœteris navigatione, unum solum lucro inde proveniente potiri; ad quodquemque intentum esse debere. Quasi vero iniquissimo monopolio cœteri omnes sint premendi, ut unius inexplebilis avaritia alatur; aut quasi reliquis omnibus jugum ultro sit subeundum, quia unius ambitio improbo voto totius orbis imperium complectitur. Ea fuit Numinis erga mortales liberalitas, ut quœ necessitatibus ipsorum inserviunt, abunde suppeditaverit. Eos autem possidendi fines ratio hominibus prœscripsit, ut contenti sint adquisivisse, quœ suis suorumque usibus probabiliter sufficerent.* » (Puffendorff, *De jure naturœ et gentium*, lib. IV, cap. V, de obiecto dominii, § 9.)

Du reste, si aujourd'hui la liberté et la communauté de la mer pour toutes les nations constituent un axiome de droit public maritime, à d'autres époques elles ont fait l'objet d'une des questions les plus graves, qui aient provoqué des guerres de plume et d'épée en matière de droit public et commercial.

Les Phéniciens et les Carthaginois prétendirent à la domination de la Méditerranée, du moins dans la majeure partie de cette mer. Telle fut aussi ensuite la prétention des empereurs romains, en dépit de la doctrine contraire de leurs jurisconsultes : *Et quidem mare commune omnium est et litora sicuti aer (Inst., § 10, De rer. div., L. 13, § 7. ff. De inj. et fam. lib., L 2 § 9. ff. Ne quid in loc. pub.)* Au moyen-âge, et, quelque temps encore après, la République de Venise prétendit à la domination de l'Adriatique, Gênes à celle de la mer de Ligurie, le Danemark à celle de la mer Baltique, ensuite la Turquie à celle de la mer Egée et de la mer de Marmara.

Les Portugais et les Espagnols, au XVᵉ siècle, dans la concurrence qu'ils se firent pour rechercher de nouvelles voies de communication avec les Indes, revendiquèrent la Souveraineté des mers qu'ils avaient découvertes chacun de leur côté. Qui, du reste, ne se rappelle pas avec douleur de quelle façon l'Angleterre et la Hollande se disputèrent la souveraineté de la mer dans la guerre sanglante, qui eut lieu à la suite du célèbre *Acte de navigation?* Selden et Grotius, le premier anglais, le second hollandais, entrèrent dans la mêlée, la plume à la main, et sur leurs traces marchèrent beaucoup d'autres publicistes bien connus. — Grotius *(De mare libero, seu de jure quod Batavis competit ad indica commercia)* se prononça pour la liberté des mers, et n'admit la possibilité d'appropriation que pour une petite portion *(pars maris)* des eaux qui baignent le territoire. Sa doctrine fut admise par de très nombreux auteurs et notamment par les suivants : Vattel *(Droit des gens, liv. I, ch. XXII, p. 204 et suiv.),* Wheaton *(Eléments de droit international, p. 113, § 10 et suiv.),* Ortolan *(cit., t. I, p. 123-726),* Merula *(Dissertatio de maribus),* Burlamaqui *(Principes du droit international, t. III, ch. 8),* Faustin-Hélie *(Traité d'instruction criminelle, p. 370),* Massé *(Le Droit commercial dans ses rapports avec le Droit des gens, t. I, p. 105 et suiv.),* Klüber *(Droit des gens, p. 165, § 132 et suiv.),* Slanker *(Traité des mers),* Graswinkell *(Vindiciæ maris liberi),* Bynkershoek *(Dissertatio de dominio maris)*, Zuarius *(De usu maris et navibus transversis)*, Graverus *(Dissertatio de mari natura libero, pactis clauso)*, Groenengius *(Navigatio libera)*, Pontanus *(Discussiones historicæ de mari libero)*, Azuni *(Diritto marittimo dell'Europa)*, Galliani, *Dei doveri dei principi neutrali)*, Martens *(Précis du droit des gens moderne de l'Europe*, § 153). Au contraire, Albéric Gentile, dans l'*Advocatio hispanica (Hanoviæ*, 1613), reconnut la légitimité de la domination anglaise sur les quatre mers qui entourent les Iles Britanniques. De même, Jean Selden, qui du reste, comme l'écrit Troplong, était à la solde des Stuarts et prêtait sa plume mercenaire à la thèse qui lui était payée, dans son traité, *Mare clausum, seu de dominio maris libri duo (Londini*, 1635, fol. 1636, 8°; *Lugduni Batavorum*, 1637, 12°, 1665, 4°), combattit avec beaucoup d'érudition, mais à l'aide d'arguments très faibles, les principes soutenus par Grotius, et attribua aux Anglais la domination de la plus grande partie de l'Océan.

La doctrine de Selden fut admise par Wolf, Eineccius, Fra Paolo Sarpi, etc. [1]

---

[1] On peut consulter sur cette question, et sur celle de la souveraineté de la mer territoriale, outre les travaux précédemment cités, les suivants : Aucoc, *De la délimitation du rivage de la mer et de l'embouchure des fleuves et rivières (Annales de l'Ecole libre des sciences politiques, N. 1, 15 janvier 1877)*; Autran, *Code international de l'abordage maritime, p. 161;* Bar, *De la compétence des tribunaux allemands pour connaître des actions intentées contre les Gouvernements et les Souverains étrangers*; Barrière, *La liberté des mers*; Beauchet, *Du dommage provenant de l'abordage des navires dans le droit allemand;* Benfante, *L'urto di navi nel diritto storico, commerciale ed internazionale;* Bona Christave, *Du rivage de la mer en droit romain et en droit français;* Borck, *Dissertatio de imperio maris;* Brough, *The sovereignty of the British seas in the year 1633 proved by records, history and the municipal law of this Kingdom, Imperium maris britannici ex monumentis historicis legibusque Angliae demonstratum;* Boselli, *Le droit maritime en Italie ;* Boxhorn, *Apologia pro navigationibus Hollandorum adversus Pontum Heuterum, qua praecedentium saeculorom navigationes, earumque jura et instituta ex Tabulis praesertim publicis asseruntur;* Brandeburgh, *De dominio aeris et maris;* Brocher, *Cours de droit international privé ; Bulletin de jurisprudence internationale;* Bunau, *Dissertatio de jure imperatoris atque imperii romano-germanici circa maria;* Burgus, *De dominio reipub. Genuensis in mari ligustico;* Buret, *L'abordage maritime:* Buzzati, *L'urto di navi in mare;* Cancrin, *Abhandlung von Wasserrecht;* Caumont, *Dictionnaire universel de droit maritime;* Chalvet, *Législation*

Quant à la mer territoriale, les auteurs bien qu'unanimes
sur le principe de la souveraineté de l'Etat riverain (1), sont bien
loin d'être d'accord sur l'étendue de ce même principe.

---

des bords de la mer; Champagne, *La mer libre, la mer fermée;* Chronique
*du droit international privé. Affaire Delletier, Droit de Police dans les
eaux territoriales (Journ. du Dr. int. privé, 1888, p. 418-423);* Clercq,
Allgeméene Verhandeling van de Herrschappy de Zee; Clunet, *Abordage
dans les eaux étrangères entre un navire de guerre et un navire marchand de nationalité différente (Journ. cit., 1888, p. 126);* Conring, *Consi-
lium de maris mediterranei dominio et commerciis Regi christianissi-
mo vindicandis;* Courcy, *Questions de droit maritime;* Desjardins, *Aperçu
historique sur les embouchures du Rhône;* Deloynes, *Questions pratiques
en matière d'abordage maritime;* Demangeat, *De la compétence des tribunaux français dans les contestations entre étrangers en matière commerciale;* Dubroca, *Mémoires pour servir à l'histoire des attentais du
gouvernement anglais contre toutes les Puissances de l'Europe et particulièrement contre la France depuis le commencement de la Révolution
jusqu'à ce jour;* Feraud-Giraud, *De la compétence des tribunaux français
pour connaître des contestations entre étrangers;* Fiore, *Nouveau traité
de droit international, N. 302;* Frangipane, *Allegazione in jure per la
vittoria navale contro Federico I imperatore ex atto del Papa Alessandro
III per il dominio della Republica Veneta del suo golfo contro alcune
scritture dei Napolitani;* Freitas, *De justo imperio Lusitanorum Asiatico
adversus Grotii mare liberum;* Fresquet, *Des abordages maritimes;* For-
ster, *The case of the Franconia (American law review, juillet 1877);* Four-
nier, *De la domanialité publique maritime (V. Revue maritime et colo-
niale, 1878, t. LVII);* Gabba, *De la compétence des tribunaux à l'égard
des Souverains et des Etats étrangers;* Gallet, *Examen analytique et
raisonné de la déclaration du roi d'Angleterre avec les développements
relatifs à la justification de la France;* Gralath, *Spec. juris publici univer-
salis de commodis et juribus, quae situs et conditio civitatum mariti-
marum naturalis ad commercia in iisdem exercenda indulgent;* Gras-
winckel, *Vindicatio maris liberi adversus Guil. Welwoodum Britannici
maris dominii assertorem;* Grasso, *L'urto di navi nel diritto italiano ed
internazionale;* Grauer, *Dissertatio de maris natura libero, pactis clauso;*
Guérin, *De la mer et de ses rivages;* Günther, *Völkerrecht, II, § 25;*
Hoechster et Sacré, *Manuel de droit maritime français et étranger;*
Heffter, *Völkerrecht, § 13;* Henckel, *De belli praetextione Gustavi Adolphi;*
Hognovii, *Binae dissertationes de imperio in mare;* Imbart Latour, *La
mer territoriale au point de vue théorique et pratique;* Jacobs, *Avant-
projet de la loi maritime internationale;* Kirchmayeri, θαλασσοκρατορ Mi-
nos; Laurent, *Le droit civil international;* Leikherr, *Dominii maritimi
descriptio;* Lenthéric, *Les Villes mortes du golfe de Lyon et la Provence
maritime;* Lewis, *Das deutsche Seerecht;* Libbrecht, *La guerre maritime;*
Lyon-Caen, *Droit maritime international;* Macri, *Teoria del diritto internazionale, I, 451-460;* Marien, *Oresunds Fold-Rolle, tilligemed Gister-
medsen of andre Udgivter ved karten iggennem Sundet, samt Udtrog*

Paul Sarpi *(Del dominio del mare Adriatico, e sulle ragioni per il jus belli della serenissima repubblica di Venezia)* est d'avis qu'on ne peut poser une règle absolue et que les Etats sont maî-

---

af de Tractater vom desanganende ere blevne sluttede imelien Danne-mark og de ande Europaïsche Magter; Marsden, *Treatise on the law of Collisions at sea;* Mattheacius, *De jure Venetorum et jurisdictione maris Adriatici;* Maurier, *Dissertatio super vetere Austriacorum proposito occu-pandi maris Baltici;* Merlin, *Questions de droit. Voir Rivage de la mer;* Modow, *Observations concerning the dominion and sovereignty of the Seas;* Monbrion, *De la prépondérance maritime et commerciale de la Grande-Bretagne;* Morisote, *Orbis maritimi seu rerum in mari et lito-ribus gestarum historia;* Neuchateau, *Tableau des vues que se propose la politique anglaise dans toutes les parties du monde;* Ortolan, *Règles internationales et diplomatic de la mer;* Pacius a Beriga, *De dominio maris Adriatici, dissertatio inter regem Hispaniae ob regnum Napoli-tanum et rempublicam Venetam;* Palatius, *Leo maritimus sive de domi-nio maris;* Paulmier, *Des abordages maritimes;* Pavitt, *De la compé-tence des Cours anglaises, particulièrement à l'égard des étrangers;* Pertile, *Elementi di diritto internazionale, I, p. 116;* Pestel, *De dominio maris mediterranei Romanis temere adscripto;* Perels, *Manuel de droit maritime international;* Peysonnel, *Sur le commerce de la mer Noire;* Phillimore, *Mer territoriale, compétence criminelle. Affaire de la « Fran-conia »* (Journal du dr. int. privé., 1877, p. 161); Picard et Bonnevïe, *Droit maritime;* Plocque, *De la mer et de la navigation maritime, N. 168;* Poncet, *Le tocsin maritime contre la prétention du roi d'Angleterre à l'empire des mers;* Pontanus, *Discussionum historicarum de mari libero adversus Joh. Seldeni mare clausum libri duo;* Rayneval, *Institu-tions du droit de la nat. et des gens, liv. II, chap. IX;* Renault, *De l'exercice de la juridiction criminelle d'un Etat dans la mer territoriale* (Jour. du dr. int. pr., 1879. p. 238); Ridolfi, *Il diritto marittimo della Germania settentrionale;* Roetenbecci, *Disputatio an mare dominii sive imperii sit capax?;* Rohrensee, *Dissertatio de jure regis Daniae prohi-bendi navigationem et piscationes extcrorum in mari boreali contra no-vissimas Batavorum praetentiones;* Rossi, *Note relative au règlement de juridiction en matière d'abordage en pleine mer entre navires de diffé-rentes nationalités;* Schotani, *Dissertatio de jure maris seu navigiorum;* Schweder, *Theatrum praetensionum illustr.* (T. II, p. 595); Stoerk, *Die Jurisdiction in Küstengewässern. Mittheilungen aus dem Gebiete des Seewesens;* Strauch, *De imperio maris;* Sibrand, *Dissertatio de dominio maris;* Schoochii, *Jus et imperium maritimum;* Surland, *Grundsätze des europäischen, Seerechts;* Stypmannus, *De jure maritimo;* Tellegen, *De jure in mare;* Twis *(Trawers) The criminal jurisdiction of the admiralty of England. The case of the « Franconia »* (Law magazine and review, février 1877); Twiss, *Territorial Waters (Nautical Magazine, 1878);* Van Meenen et Picard, *Traité de l'abordage des navires sous l'empire des lois belges;* Valroger, *Droit maritime;* Van Lantvoord, *Limitation of the liability of shipowners under the laws of the United-States;* Vincent et

tres de toute la partie de mer dont elles ont besoin de se servir sans nuire aux autres, quand même cet espace s'étendrait à cent milles. Mais avec un tel principe, demanderons-nous au fameux auteur du concile de Trente, comment reconnaître si l'usage d'une partie indéterminée de mer porte ou non préjudice aux autres? Ce principe ne pourrait être autre que l'arbitraire.

Locenius *(De jure maritimo*, lib. I, cap. IV, § 6), a fixé la limite à deux journées du rivage. Casaregis *(De comm., Disc.* 136, § 1-2; *Disc.* 174, § 1-2 et suiv.), Solorzano *(De jure Indiar.* t. I, lib. II. cap. 6. §. 22), De Abreau *(De las presas del mar*, cap. 5, § 5) et Franchi l'ont fixée à cent milles du rivage, et leur opinion se trouve consacrée dans un document émané du roi Jacques d'Aragon du 23 août 1327, — Baldus *(De rer divis. ff.* et L. 3,

---

Pénaud, *Dictionnaire du droit int. priv.*, p. 538; Wegelin, *Dissertatio de dominio maris Suevici vulgo lacus Bodamici*; Welwood, *De dominio maris*; Wharton, *A digest of international law of the United-States*; Wharton, *Des eaux territoriales ou de la zone maritime (Albany law Journal, 8 Août 1855 et Journ. du dr. int. pr., 1866, p. 72)*; Willenberg, *De maris occupatione.* Voir en outre les ouvrages suivants d'auteurs anonymes: *General Treatise of the Dominion of the sea, containing what is most valuable upon that subject in ancient and modern authors; Ueber die Freiheit der Meere und Flüsse (in Europens politischer Lage und Staatsinteresse.* 1798, Heft. VIII, Abh. I, und Heft, IX, Abh. I); *Gedanken über di Herrschaft der See; — Appel aux puissances maritimes du Nord sur l'ambition démesurée du Cabinet de St James relativement à la suprématie des mers, avec des notes intéressantes par un citoyen de la commune de Millau; — Betrachtungen über die Beherrschung der Meere der ältesten und neuesten Völker (Handelsmagazin, 1805, Heft. I, Abh. I); Mare Balticum i e. historica deductio, uti regum Daniae ne an Poloniae praedictum mare se desponsatum agnoscat? Poloni cujusdam nuper typis excuso discursui necessaria opposita; Antimare Balticum seu recapitulatio Tractatus, cui titulus: Mare Balticum, scilicet an ad reges Daniae an ad reges Poloniae pertineat?; Anmerkinger i anledning af Hr. Mariens vel Hrn. Alstrup af Fransk i Dansk oversette oy forragende Oresunds-Fold Rolle; — Essai historique sur le commerce et la navigation de la mer Noire, ou voyage et entreprise pour établir des rapports commerciaux et maritimes entre les ports de mer noire et ceux de la Méditerranée, etc.*

[1] Ce principe était reconnu même par les anciens. Plutarque, en effet, dans la vie de Cimon, raconte que les flottes du roi de Perse ne pouvaient pas s'approcher des côtes de la Grèce au-delà de la distance de la course d'un cheval, ni entreprendre la navigation au-delà des Roches Blanches et des îles de Chalédonie (t. V, p. 22).

Cod. de naut. (oenore), Bodin *(De repressaliis*, cap ult.) et Targa *(Ponderazioni marittime*, cap. 2, § 3) prétendent que cette distance s'étend à 60 milles. D'après Valin *(Comment, sur l'ordonnance de la marine du mois d'août* 1681), la mer doit être considérée comme territoriale jusqu'au point où la sonde peut trouver le fond. Gérard de Rayneval *(De la liberté des mers)*, qui a écrit après Grotius et Bynkersoek, était d'avis que l'on devait étendre la zone de la mer territoriale jusqu'au lieu d'où l'on peut apercevoir le rivage, c'est-à-dire jusqu'à l'horizon sensible.

Une telle diversité d'opinions provient de ce que les auteurs, oubliant les principes sur lesquels repose la souveraineté maritime, se basent sur des règles purement arbitraires, ou imaginées pour soutenir les intérêts particuliers des Etats. De telles règles trouvèrent du crédit, tant que l'on crut que le droit international dépendait uniquement de la ruse, de la force et de la fortune.

Pour établir d'une façon indiscutable l'étendue de la mer territoriale, il faut rechercher les causes, dont résulte la souveraineté de l'Etat riverain. — La domination maritime est, jusqu'à un certain point, admise parce que la mer est, dans une certaine mesure, susceptible d'une possession et d'une occupation effectives et continues; parce qu'elle peut être défendue dans une étendue nécessaire à la protection des côtes; parce qu'enfin les productions de cette zône limitée peuvent être l'objet de la jouissance d'un peuple et être soustraites d'une façon durable à la jouissance des autres peuples.

Etant données ces causes, il est facile de tracer les limites de la souveraineté sur la mer territoriale. Cette souveraineté s'arrête au point où cesse la possession continue, où l'Etat propriétaire ne peut pas exercer sa puissance, exclure les étrangers, où enfin la présence de ces derniers, n'étant plus nuisible pour sa sécurité, il n'a plus d'intérêt à les exclure. Or, le point où cessent réellement d'exister les causes qui rendent la mer susceptible d'une possession privée est établi par la puissance effective de l'Etat riverain, point indiqué par la portée des machines de guerre. Toute la portion de mer parcourue par les projectiles lancés du rivage, protégés et défendus par l'action de ces machines, est territoriale et soumise à l'empire du maître de la côte. En d'autres termes, la plus longue portée du canon de la rive est la véritable limite de la mer territoriale. « En effet, dit le professeur Casanova, (1) dont le nom est cher à la science du droit italien, cet espace est seul soumis au pouvoir de l'Etat de la rive; là seulement, il peut faire respecter et exécuter ses lois, punir les contrevenants et éloigner ceux qu'il ne lui plaît pas d'admettre. Dans cet espace, la présence de navires étrangers peut menacer sa paix; au delà, elle est indifférente pour lui et ne peut lui causer aucune inquiétude, parce qu'au delà le canon ne peut causer aucun dommage. »

Il est pour ainsi dire inutile de dire que pour conserver la souveraineté de la mer territoriale, il n'est pas besoin que le peuple de la rive tienne ses côtes munies de batteries fixes et permanentes et ait toujours des bouches à feu prêtes à balayer toutes les parties de cette mer. « L'absence de ces moyens de coercition, dit d'Hautefeuille, (2) le désarmement, soit temporaire, soit même perpétuel d'une partie des rivages de la mer, car il existe dans tous les pays certains points de côtés qui n'ont jamais été armés, ne nuit en rien au droit lui-même, ne change pas les limites que nous venons de lui assigner. La nation souveraine de la terre baignée par les flots est, par celà seul, souveraine de la mer territoriale; et exerce ses droits sur le dernier de ces domaines, comme sur le premier, de la manière qu'il convient à ses intérêts, sans que le mode d'exercice par elle adopté, puisse diminuer la réalité du droit. »

Les rivages ne présentent que très rarement une limite nette et régulière, ils sont presque toujours coupés par des baies, des golfes, etc., ou rendus proéminents par des promontoires. Pour éviter les inconvénients, qui en résulteraient, si l'on devait mesurer le domaine maritime relativement à chaque point de la rive, nous dirons avec Hautefeuille, qu'il s'est introduit l'usage, aujourd'hui général, de tirer une ligne fictive d'un promontoire à l'autre, et de prendre cette ligne comme point de départ du canon, système qui naturellement s'applique uniquement aux pe-

---

1 *Lezioni di Diritto Internazionale*, I, p. 129.
2 *Des droits et des devoirs des nations neutres en temps de guerre maritime*, tit. I, ch. III, sect. I.

tites baies, aux anses, etc., mais non aux golfes de grande étendue, qui doivent être assimilés à la haute mer. (1)

Si différentes nations ou Etats possèdent ensemble les rivages d'un détroit ou d'un golfe, et s'il n'existe entre eux aucune convention spéciale, la souveraineté de chacun d'eux s'étendra jusqu'à la moitié, en proportion de la largeur et de la dimension de ses propres rives (Puffendorf, lib. 4, cap. 5 § 8; Selden, lib. 2, cap. 20; Wattel, *Droit des gens*, lib. 1-13, § 255).

Il est inutile de dire que lorsque de graves intérêts engagent un peuple à déclarer territoriale une zone de mer plus étendue que celle reconnue par les usages internationaux, cette exception a besoin, pour devenir obligatoire, d'une convention écrite et expresse, laquelle convention, du reste, s'interprète toujours d'une façon restrictive et limitée à l'intérêt spécial qui en forme l'objet. Cela se produit également en ce qui concerne les traités, parce que deux ou plusieurs Etats peuvent toujours, par une convention, étendre ou restreindre leurs frontières maritimes; mais de telles conventions sont obligatoires entre les seules parties contractantes, sans pouvoir être appliquées par analogie et à plus forte raison être imposées aux autres Etats.

Les principes que nous avons exposés plus haut sur l'étendue du domaine territorial des Etats sont conformes aux principes consacrés par le droit des gens: « *Terrœ potestas ibi finitur, ubi finitur armorum vis :* » ils sont reconnus par les plus illustres auteurs de droit international et admis par les Etats d'une façon constante.

Si dès lors, un bâtiment *national* de commerce ou de guerre, se trouve dans le périmètre de la mer territoriale correspondant à la circonscription où un notaire donné peut exercer son ministère, ce notaire pourra instrumenter à bord de ce bâtiment.

---

1 Pour notre compte, nous ne saurions comprendre cette restriction. En effet, le principe, c'est que l'Etat riverain puisse avoir la jouissance exclusive de la baie ou golfe et qu'il en puisse défendre l'accès aux autres Etats, ce qu'il peut toujours si, les feux croisés de ses batteries établies sur les deux promontoires, situés de chaque côté à l'entrée du golfe ou de la baie, en interdisent l'accès et affirment sa possession exclusive, de façon qu'à son égard la baie ou golfe soit une sorte de lac intérieur communiquant avec la mer.

(Note du traducteur).

C'est ce que l'on doit décider d'après les législations relatives au notariat en vigueur en Autriche, en Hongrie, en France, en Italie, et en général dans tous les pays où le ministère du notaire est limité à un territoire déterminé.

Les auteurs se demandent si, dans cette même zone, le notaire est compétent même à bord des navires étrangers. (1)

Le droit international a depuis des siècles reconnu le principe, que le navire qui abandonne le pays auquel il appartient doit être considéré comme une parcelle détachée du sol de la patrie, comme un fragment de la terre natale, comme un prolongement du territoire national et cela sans distinction entre le navire marchand et le navire de guerre, lorsqu'il se trouve sur la haute mer.

Il est facile de se rendre compte de la raison d'être de ce principe.

Si, comme l'observe le professeur Schiattarella *(Del territorio nelle sue attinenze colla legge penale*, p. 21), la mer est naturellement libre, en d'autres termes, si tous les peuples ont également le droit d'en faire usage, la raison veut que cet usage, en raison même de son caractère de communauté, soit régi par des lois ou des principes généralement admis, de façon à garantir à chaque peuple l'exercice de son droit, et à réprimer les attentats qui pourraient se commettre. Une condition essentielle de la sécurité de la navigation maritime, c'est que les navires dépendent d'une nation, qui offre pour eux les garanties nécessaires aux autres Etats et qui protège sa marine lorsque les principes du droit des gens sont violés à son encon-

---

1 L'invention des bâtiments (soit dit incidemment) remonte à l'antiquité la plus reculée. Les Ecritures, racontent que les fils de Japhet, fils de Noé, habitant sur les rivages de la mer de Chypre en Ionie et sur le Bosphore, construisirent de petits bâtiments sur le modèle de l'arche anciennement construite par leur aïeul. — Appollonius et Pline, d'après Philostephanus, donnent à Jason l'honneur d'avoir navigué le premier sur l'*Argus*, navire d'une longue structure semblable aux galères. Hérodote indique parmi les premiers navigateurs les Phéniciens; les Hébreux, les Egyptiens, les Perses, les Carthaginois et les Romains, pour faire le commerce et la guerre, armèrent ensuite des navires et des flottes (Piantanida, *Dissertazione storico-politica della navigazione e del commercio di tutti i popoli;* Plin., *Hist. nat.*, lib. 7, cap. 56).

tre. — Mais indépendamment de l'intérêt général de tous les peuples, il importe à l'intérêt particulier du navire qu'il appartienne à une nationalité propre et clairement définie. Un navire, qui n'aurait aucun caractère national, non seulement n'offrirait aucune solide garantie en ce qui concerne le droit des gens, qui régit la communauté d'usage de la haute mer à l'égard de tous les peuples de la terre, mais ne pourrait en même temps invoquer légitimement aucune protection. (Cauchy, *Le Droit maritime international*, t. II. p. 152 et suiv.; Calvo, *Le Droit international*, t. I, § 337.)

Les navires peuvent, non-seulement se trouver en haute mer. mais encore dans les eaux *territoriales* d'un peuple étranger. Ceci posé, doivent-ils, même dans ce cas, être considérés comme une continuation du territoire de l'Etat, dont ils arborent le pavillon?

Si, d'une part, tous les publicistes sont d'accord pour admettre que les navires, tant de guerre que de commerce, doivent, comme nous l'avons dit, être considérés comme une dépendance du territoire de l'Etat auquel ils appartiennent, et ce quand-ils se trouvent en haute mer; d'autre part, dans la mer territoriale le cas est différent. En effet, la plupart de ces mêmes publicistes font une distinction entre les navires de guerre. et les vaisseaux marchands, et regardent les premiers seuls comme une dépendance du territoire de l'Etat auquel ils appartiennent.

Rocco combat cette distinction et la déclare illogique et contradictoire. « Bien que, dit-il, aussi bien les jurisconsultes que les usages maritimes des nations considèrent aujourd'hui comme incontestable l'exterritorialité des bâtiments possédés par l'Etat qui se trouvent sur un point quelconque du territoire maritime d'une puissance étrangère; pour ce qui est des bâtiments possédés par des particuliers, on ne voit pas le même principe admis sans contradiction. Mais, en examinant cette question au point de vue des règles qui émanent du droit primitif des nations, il est facile de démontrer que le principe de l'exterritorialité commun sur la haute mer aux bâtiments de guerre et aux bâtiments marchands ne doit pas cesser d'être applicable à ces derniers dans la mer territoriale d'une puissance étrangère. Etant une fois admis que le bâtiment est une suite du territoire de l'Etat. dont il porte le pavillon, on ne pourrait admettre aucune distinction entre le territoire continental du pays et le territoire

flottant du pays lui-même, sans diminuer l'indépendance territoriale de l'Etat. — Soit que le navire marchand soit en haute
mer, soit qu'il ait relâché dans un port ou dans une baie d'un
Etat étranger, le même principe de l'inviolabilité territoriale de
l'Etat exige que le navire demeure soumis à la juridiction et à
l'empire des lois du propre pays. » (Rocco, *Diritto civile internazionale*, t. III, p. 347 et 348).

Hautefeuille *(Histoire du droit maritime*, p. 59) est de l'opinion
de Rocco. D'après lui, lorsqu'un bâtiment se trouve dans un pays
étranger, il est une colonie de son pays, une portion flottante de
son territoire; les hommes qui sont à bord, n'ont pas abandonné
le territoire de la patrie, ils restent soumis à leur propre souverain, ils ne peuvent reconnaître aucune autre juridiction que
la sienne et il est indifférent qu'il s'agisse de navires de guerre
ou de bâtiments marchands, puisque entre ces bâtiments il n'y a
aucune autre différence qu'en ce sens: dans les navires de guerre,
il se trouve une portion beaucoup plus notable du pouvoir souverain et un plus grand nombre d'habitants que dans les vaisseaux marchands. Les premiers, d'après le même auteur, res-
semblent à une grande cité qui renferme dans son sein des autorités supérieures et des tribunaux complets, tandis que les se-
conds peuvent se comparer à un village de peu d'importance,
administré par des autorités qui ont des pouvoirs très-limités;
mais le village, aussi bien que la cité, fait partie du territoire de
l'Etat, et le premier aussi bien que le second doit avoir et conserver
cette qualité, puisque s'il cessait de la posséder, l'Etat n'aurait
plus sur lui aucun droit de protection et de juridiction, de tels
droits ne pouvant être exercés que dans les limites du propre
territoire.

Au contraire, les publicistes plus nombreux qui admettent
la distinction que nous avons rapportée plus haut, pour en dé-
duire que les navires de guerre seuls font partie du territoire
de l'Etat dont ils arborent le pavillon et sont en conséquence
exempts de la juridiction du port dans lequel ils se trouvent, font
valoir les raisons suivantes. D'après eux, le navire de guerre
portant en lui-même une partie de la puissance publique de l'Etat
auquel il appartient, est un corps constitué d'officiers et d'agents
de cette puissance dans l'ordre administratif et militaire; il ne
pourrait dès lors pas être soumis aux lois et aux autorités du

pays dans les eaux duquel il se trouve sans que l'une des deux puissances fût soumise à l'autre. Les navires marchands ne possédant pas comme ceux de guerre une partie de la puissance politique de leur pays, ni un corps constitué d'officiers, ne sont ni les représentants ni les agents de leur pays; par conséquent ces navires, bien que couverts d'un pavillon étranger, sont soumis aux lois du prince qui exerce la souveraineté sur la mer territoriale où ils se trouvent, de la même façon que sont soumis à cette juridiction les voyageurs qui traversent le pays dépendant de ce prince, pays où ils ont une demeure temporaire. « *Navis portum ingrediens, cum per hunc ingressum jurisdictionem portus profiteatur, legibus portus convenienter est agat necesse erit.* » (Strick, *De jure portuum,* cap. III, n. 8).

Cette opinion est soutenue par Grotius, par Bynkershoek, par Wattel, par Wheaton, par Lampredi, par le professeur Neumann et par les plus éminents auteurs de droit international. Elle est aussi admise par la jurisprudence, et parmi les nombreux documents, il nous suffira de citer les décisions très connues du tribunal de Livourne du 15 octobre 1869 et de la Cour de Cassation de Florence du 21 novembre 1870, décisions rapportées en entier au tome IV, 1re partie, p. 96 et suivantes, des Annales de jurisprudence italienne.

Le bien-fondé de cette conclusion, qui nous semble la plus raisonnable, devient d'autant plus apparent qu'on en cherche et qu'on en considère mieux le principe. Ce principe, comme l'observe le professeur Schiattarella (cit. p. 25), doit être recherché dans la distinction, qui est une conquête de la philosophie du droit, entre l'Etat et la société. L'Etat, comme le droit qui lui confère sa raison d'être et son autorité, n'est qu'un ordre *spécial* dans l'ordre social. Il est vrai que son but est d'organiser tous les autres ordres de l'activité sociale, sciences, industries, commerce, éducation, instruction, beaux-arts, etc., en promulgant les lois de leur existence et en provoquant et en complétant le développement dans l'intérêt de la communauté, de telle sorte qu'il embrasse toute la société. Mais il n'est pas moins vrai que les diverses branches de l'activité sociale, bien que trouvant dans cette double activité de l'Etat leur élément naturel, leur organisme commun, sont néanmoins autant d'organismes distincts, dont chacun a un aspect et un but particuliers. En d'autres termes, la

société est tout l'ordre social, elle est la totalité des éléments de
culture d'un peuple; dès lors l'Etat est cet organisme particulier
qui a pour but la réalisation du droit. On peut dire par suite, que
la société est dans l'Etat et hors de l'Etat; dans l'Etat, en tant
que tous les ordres de la vie sociale sont soumis à son action orga-
nique; hors de l'Etat, en tant que tous ces ordres ont leurs lois
propres, auxquelles elles doivent se conformer en suivant leurs
fins intimes. Or, cette distinction bien comprise, il est facile de
concevoir la différence entre les navires marchands et les navires
de guerre, pour ce qui concerne l'exemption de la juridiction de
l'Etat étranger dans les eaux territoriales duquel ils se trouvent.
— Comme les navires de guerre forment directement et essen-
tiellement partie de cet organisme juridique d'un peuple, que nous
appelons Etat, et comme aucun Etat ne peut souffrir, par suite
du principe de sa souveraine indépendance, qu'un Etat étranger
exerce à son encontre son autorité, on comprend facilement que
les navires de guerre soient par leur nature exempts de la juridiction territoriale étrangère. Les navires marchands, au contraire, bien qu'étant une continuation du territoire de la nation,
dont ils portent le pavillon et étant dès lors soumis aux lois de
leur patrie sur la haute mer, qui est commune à tous les peuples,
ne peuvent pas, lorsqu'ils pénètrent dans les eaux territoriales
d'une puissance étrangère, prétendre être exemptés de la juridiction locale, parce qu'ils représentent simplement une propriété
privée, des intérêts particuliers et parce que, en d'autres termes,
il ne s'agit pas en ce qui concerne ces navires, d'un Etat étranger, mais simplement de choses appartenant à des particuliers
étrangers.

Etant donné que, d'après l'opinion la mieux fondée et la plus
acceptable, les navires marchands, bien que couverts d'un pavillon étranger, sont soumis à la juridiction du souverain dans
les eaux territoriales dans lesquelles ils se trouvent et que les
navires de guerre seuls en sont exempts, nous admettons que la
compétence du notaire du pays étranger ne pourra jamais s'é-
tendre aux navires de guerre. Au contraire, ce même notaire pourrait instrumenter sur les navires marchands, qui se trouveraient
dans les eaux territoriales contiguës à la circonscription dans laquelle il exerce son ministère.

GRENOBLE. — IMP. BARATIER ET DARDELET.

www.ingramcontent.com/pod-product-compliance
Lightning Source LLC
Chambersburg PA
CBHW050445210326
41520CB00019B/6078